Seelenfenster

Für meinen Mann, durch den meine Gefühle
und Worte Flügel bekommen haben.

Das lyrische Gedicht ist der musikalische
Ausdruck von Gemütsbewegungen
durch die Sprache

(August Wilhelm von Schlegel, 1767 – 1845)

Maruschya Markovic

Seelenfenster
- Gedichte -

*Bibliografische Information der Deutschen Nationalbiblio-
thek:*
*Die Deutsche Nationalbibliothek verzeichnet diese Publi-
kation in der Deutschen Nationalbibliografie; detaillierte
bibliografische Daten sind im Internet über
http://dnb.dnb.de abrufbar.*

*Herstellung und Verlag: BoD – Books on Demand, Nor-
derstedt*

ISBN: 9783738603392

Inhaltsverzeichnis

Seelenfenster

Man sagt, Augen seien das Fenster zur Seele.
bei mir ist es darüber hinaus das Gedicht,
wobei ich überhaupt nicht verhehle,
dass ihr durchs Schreiben zuteilwird viel Licht!
Vieles, was mir im Herzen brennt,
und vieles, das mir Freude bereitet,
ein Gedicht erst wirklich beim Namen nennt,
wenn das Wort sich auf dem Papier ausbreitet.
In die Feder fließen dann meine Gedanken,
sortiert wird ein Gefühl oft im Geist.
Manchmal fallen dabei Barrieren und Schranken,
wenn es dann „in den Reim bringen" heißt!
Meistens wird es dabei hell mir im Herzen,
das Licht fällt in all meine Seelenecken.
Gemildert werden so Zorn oder Schmerzen,
manch Wunsch muss sich nicht mehr verstecken.
Ich hoffe, dieses Licht dringt ein auch bei dir,
Für die Bereitschaft nimm Dank an von mir!

Bild: pixabay

Gedanken

Gedanken können wie Vögel sein,
und es tut uns gut, sie zu befreien.
Es gibt Zeiten, da baun sie sich ein Nest,
setzen sich in uns beharrlich gar fest.
Dort nähren sie sich und werden stark,
pieken und quälen uns oft bis ins Mark.
Dann irgendwann lernen sie fliegen
schaffen es, die Eingrenzung zu besiegen.
Nun wird es schwer für uns, sie zu steuern,
wenn sie mit Schiet uns auch noch befeuern...
Im Grund haben wir gar keine Wahl,
denn angekettet werden Gedanken zur Qual.
Denn wie es in uns auch immer sei –
Tatsache ist: die Gedanken sind frei!

Bild: pixabay

Liebe

Liebe zu beschreiben, das ist nicht so leicht,
weil der Wortschatz dafür gar nicht reicht.
Sie ist das Schönste, was Menschen verbindet,
wenn eine Seele zur anderen findet.
Wahre Liebe kennt kein Wenn und kein Aber,
sie erträgt geduldig Trotz, Angst und Hader.
Die Liebe ist immer bedingungslos,
denn sie macht unsre Herzen so weit und so groß!
Lieben heißt auch verzeihen wollen,
wenn wir einander auch manchmal grollen.
Doch nicht nur der Wille dazu ist wichtig,
fehlt das Können, ist die Liebe nicht richtig!
Dann war es möglicherweise nur Sympathie...
Für Liebe gibt keine Vertragsklausel mit Garantie!
Und die Grundlage heißt "Liebe dich selbst"
denn wenn du dich für wertlos schon hältst,
wie soll dann ein anderer merken, dass du für ihn zählst?
Ja, die Liebe zu beschreiben ist schwer,
drum lass ich den Rest der Seite auch leer...
Wichtig ist nur, dass es für jeden von uns jemand gibt,
der uns wirklich mit ganzer Kraft liebt!!

Bild: pixabay

Die Welt hinter den Spiegeln

In die Welt hinter den Spiegeln möchte ich wandern,
wo silberne Flüsse mäandern,
wo es Eiskristallschlösser gibt,
wo Sternenstaub glitzernd zerstiebt.
Ich möcht bunte Blütenelfen bestaunen
und zuhörn, wenn Trolle über Geheimnisse raunen.
Mit Elfen mal um die Wette schweben,
an einem fliegenden Teppich aus Traumgarn weben.
Schön wär's, mal mit Wichteln zu speisen
und auf eines Einhorns Rücken zu reisen.
Auch von Drachenflügeln die Welt anzusehen
wäre sicher nicht unangenehm.
Der Weisheit eines Wolfes zu lauschen
würde mich unwahrscheinlich berauschen.
Ich würde auch kosten von einem Trank,
dem ich dann Zauberkräfte verdank.
Am Ende würde ich da bleiben wollen
und flink mich in meinen Tarnumhang rollen.
- Solche Gedanken hab ich halt im Sinn,
weil ich im Grunde `ne Träumerin bin...

Bild © Maruschya Markovic

Klapperstorch

Hoch oben wohnt ein Storchenpaar
und macht das Nest fürs Brüten klar.
Für beide wird das Domizil
nun längre Zeit das Anflugziel,
zu dem man fleißig Reisig schleppt.
Damit wird's Nest schön aufgepeppt.
In Wiesen wird auch Gras gepickt,
mit dem das Nest dann wird bestückt.
Und wer nach Haus kommt, gibt Signale
aus dieser luftgen Wohnzentrale.
Das Klappern klingt laut übers Land,
wohl jedem ist es gut bekannt.
Mit Fleiß baun beide es nun aus,
das schöne neue Storchenhaus,
in dem sie dann abwechselnd brüten
und später ihren Nachwuchs hüten.
Ein jeder freut sich, wenn er's hört,
dies Storchenklappern, und es stört
trotz Lautstärke kein winzges Stück,
bring doch der Storch Familienglück....

Bild: pixabay

Alt sein...

Im Gespräch mit Senioren muss man manchmal schrein,
denn ihre Ohren sind nicht mehr so fein!
Sie hörn manche Frequenzen ganz einfach nicht
und schauen dir oft fragend und stumm ins Gesicht.
Wie leicht verliert ein Junger da schnell die Geduld
und sagt zum Gegenüber „Bist selber dran Schuld!
Setz doch die Hörgeräte ein in die Ohren,
dann bist du im Gespräch nicht mehr so verloren!"
Doch mit Hörgeräten muss man trainieren,
sich dran gewöhnen, wie sie funktionieren.
Es sind nicht die Ohren, die plötzlich umschalten,
es ist das Gehirn! Es muss den Input ganz neu verwalten!
Doch das verstehen die Senioren meist nicht
und beurteilen die Lage aus ganz falscher Sicht.
"Kaputt, funktioniert nicht, ist eh alles Mist!
Lass mich in Ruhe, wart nur ab bis du selber alt bist!!"
Sein wir geduldig und verständnisvoll,
die Gebrechen im Alter sind bestimmt nicht so toll...
Wichtig ist, die Alten mit Liebe zu nehmen
so wie sie sind, auch mit unbequemen
und nervenraubenden Verhaltensweisen
in ihren enger werden Lebenskreisen!

Bild: pixabay

Die Lehre eines Baumes

Hast du schon mal einen Baum umschlungen
und still geteilt die Erinnerungen,
die in ihm ruhen aus zahllosen Jahren?
Vielleicht hat der Baum ja schon vieles erfahren,
das unbemerkt deine Seele berühren kann
und das dir wichtig sein mag irgendwann...
Hast du schon mal seine Stärke umfangen
und an der Rinde gekühlt deine Wangen?
Sei achtsam, dann spürst du den Lebenssaft,
der in ihm fließt und ihm gibt seine Kraft.
Er hat widerstanden Sturm, Hitze und Frost,
und vermittelt dir, dem Sucher, den Trost,
dass auch du standfester bist als du glaubst,
dass du dir nur selbst die Zuversicht raubst.
Ein Baum denkt nicht, er IST,
während dich oft das Grübeln zerfrisst...
Dein Baum konnte dir heut was Kostbares schenken.
Vielleicht wirst du seiner bald wieder gedenken
mit Achtung und mit Respekt vor dem Sein
in jeder Form, vor Mensch, Tier, Pflanze und Stein,
vor der Luft, dem Wasser und vor unsrer Erde,
so dass aus deinem Leben etwas Heilendes werde...

Bild: pixabay

Aufschrei

Irgendetwas stimmt hier nicht!
Die Welt kippt aus dem Gleichgewicht...
Nachrichten mag ich nicht schauen,
überall nur Schrecken und Grauen,
Tod, Betrug, Gewalt und Kriege!
Ach, wenn doch der Verstand mal siege
in der Menschen krausem Denken,
wenn sie doch mehr Liebe schenken
würden sich und auch der ganzen Erde!
Wünsch mir so, dass friedlich werde
unser leidender blauer Planet,
um den es nicht grad zum Besten steht,
dass die Menschen mal kapieren,
denn sonst müssen wir sicher krepieren -
wir und alles um uns rum!
Doch die Menschen sind zu dumm!!
Lieber Gott, hilf dieser Welt
dass sie doch noch all das erhält,
was du so schön einst hast erdacht,
bevor ins Endspiel geht die Schlacht...

Bild: pixabay

Das Buschwindröschenleuchten

Ein weißes Leuchten erfreut meinen Blick,
den ich durch den schattigen Wald herumschick.
Buschwindröschen bringen dem Lenz ihre Grüße
mit einem Anblick von zierlicher Süße.
Manche, in ihrer Jugend, erröten ganz leicht,
andere habn schon den Zeitpunkt erreicht,
dass ihre Schönheit verwelkt und verblasst,
Sie sind halt vom Kreislauf des Lebens erfasst...
Die hohen Bäume scheinen still zu behüten
die Zartheit dieser bezaubernden Blüten.
Eingebettet in goldgrünem Moos
erstrahlt ihre Anmut in duftigem Schimmer,
ein Sonnenstrahl streift sie mit tanzendem Flimmer.
Doch leider ist ihre Schönheit in Bälde vergangen
und aus ihrem Wurzelgeflecht gelangen
im nächsten Jahr wieder zum Licht neue Triebe
und entlocken uns aufs Neue Gefühle der Liebe
für die Schönheit und den Reiz dieser Welt.
Die Natur hat doch alles aufs Beste bestellt...

Bild: pixabay

Dichters Kontemplation

Ganz vertieft ist der Dichter in die Schönheit des Hains,
er fühlt sich verbunden, denn alles ist eins.
Versucht, die Gefühle in Worte zu fassen,
dann senkt er die Feder und muss es lassen.
Ganz weit ist in diesem Moment seine Seele.
Er fürchtet, dass den Worten etwas Wichtiges fehle.
Nur spüren, nichts sagen, nicht schreiben, nicht denken
- nur so kann er dem Moment seine Hingabe schenken.
Das Schreiben kommt später, so hat er beschlossen,
nachdem er das eins sein mit allem ganz still hat genossen.
Lassen wir dem Dichter das Glück beim Genießen
und freuen uns, wenn seine Verse dann sprießen...

Bild © Maruschya Markovic

Hildegard von Bingen

Seit Jahrhunderten haben sich die Menschen gefragt,
was hat die große Heilige wirklich gesagt,
was hat sie gewusst, was hat sie geschrieben?
Wo ist die Erklärung ihrer Lingua Ignota geblieben?
Von der Heiligen Hildegard will ich hier sprechen,
die es schaffte, mit mancher Gewohnheit zu brechen
und selbst dem Kaiser allerlei wahre Worte zu sagen.
Nur eine Frau wie sie konnte so etwas wagen,
denn Wissen und Können waren von Gott ihr gegeben,
darum schritt sie als Posaune Gottes durchs Leben.
Sie trotzte Mönchen, Abt, Bischof und dem Heiligen Vater,
war doch Gott selbst in allem ihr direkter Berater.
Er gab dieser Frau Visionen in all den Jahren
Und trug ihr auf, sie den Menschen zu offenbaren.
Unter Krankheit und Schwäche hat sie gelitten
solange sie sich entziehn wollt den göttlichen Bitten.
Prophetessa, Heilkundige, Gelehrte, Äbtissin war sie,
aber nie verfiel sie der Megalomanie.
Nein, lebenslang ist sie voll Demut geblieben,
konnte Gott als den Höchsten voller Hingabe lieben.
Rhetorisch fundiert wies sie Kritiker in ihre Schranken,
und die Geschichte hat ihr allerhand zu verdanken.
Dennoch sind Jahrhunderte ins Land gegangen,
bis ihre Heiligsprechung wurde begangen.
Und stetig wächst weiter die Anhängerschaft
dieser großartigen Frau mit charismatischer Kraft...

Bild: pixabay

Die Abwärtsspirale

Kipp runter das Glas - das tun doch alle! -
Und schon bist du getappt in die Dazugehör-Falle!
So kommt's, dass du ein Glas nach dem anderen killst,
weil du so gern einer von ihnen sein willst.
In der Jugend warn's Wein und Bier, das war nicht so teuer,
dann kam Cola-Rum, denn das hatte mehr Feuer.
Später Cognac oder Rum ohne alles, ganz pur,
wirkte besser, brachte dich schneller auf Überholspur.
Du lerntest, dass Wodka Dir keine Fahne macht.
Er war dann dein Freund in einsamer Nacht.
In Gesellschaft nur Wasser, der Rest kam allein,
unbeobachtet, ungestört, ganz heimlich daheim.
Hier und da mal ein Gläschen, das war wohl nicht so schlimm,
Hauptsache, du wahrtest nach außen Benimm!
Und wenn jemand meinte, das sei nicht so gut,
hast du abgewinkt oder kriegtest die Wut.
"Ich und süchtig - das ist doch die Höhe!
Schau mich doch an, ob ich wie ein Säufer aussehe..."
Leugnen gehörte zum Spiel, vor dir selbst und der Welt.
Sagt man nicht, dass Wein Leib und Seele zusammenhält...
Jeder trinkt mal nen Schluck auf `ner Party am Abend...
Ab und zu mal ein Gläschen, erfrischend und labend...
Es gab für jede Gelegenheit einen Spruch,
darum warst du nie verlegen, es gab ja genug!
Doch bald trankst du daheim auch so, ohne Grund,
Statt aus `nem Glas gleich mit Buddel am Mund...
Irgendwann fandest du jemand zum Lieben,
hättest du nicht getrunken, wärt ihr wohl zusammengeblieben...
Schnell hattest du raus, wie man Flaschen versteckt
in den unmöglichsten Ecken, so dass sie niemand entdeckt.

Doch dann kam der Schlusspfiff - die Beziehung war aus!
Aus der gemeinsamen Wohnung flogst du schließlich raus.
Mit der Zeit stand es um dich immer schlechter,
denn du hattest nun nicht einmal mehr einen Wächter.
Immer öfter kamen das Zittern und die Panikattacken -
wie solltest du den Arbeitstag ohne Alkohol packen?
Dann eines Tages ist nur noch die Todesangst da,
ein Kreislaufzusammenbruch bringt dich dem Ende ganz nah.
Nun kommt der Punkt für dich, dir einzugestehen,
„So kann es nicht mehr mit mir weitergehen!"
Mit viel Glück kriegst du vielleicht eine Therapie,
nutze sie gut, denn viele kriegen die Kurve ja nie...
Pass auf, Freund, deine Straße führt ganz steil bergab,
denn Alkohol bringt so manchen ins Grab....

Bild: pixabay

Bild: pixabay

Bild: pixabay

Ein stiller Traum

Ein Traum von Schönheit, von Natur,
von Einsamkeit und Freiheit pur.
Weit weg von all dem Großstadtrauschen
den Vogelstimmen schweigend lauschen.
Aus Flüssen klares Wasser trinken,
im hohen Wiesengras versinken.
Durch schillernd grüne Wälder gehen
und vielleicht dabei gar Wölfe sehen.
Den Duft von wilden Blumen riechen,
An dicht bewachsenen Ufern kriechen,
und einen Blick auf Lachse werfen.
Für Eidechsen das Auge schärfen.
Am Meer die rote Abendsonne
versinken sehn mit heilger Wonne.
Die Feuchtigkeit der Nebel spüren
tautropfennasses Gras berühren,
Das Spritzen eines Katarakts genießen
dann zuschauen, wie die Wasser fließen
vorbei an schroffen Felsennasen,
und hörn das Glucksen all der Blubberblasen.
Am Duft des Waldes mich entzücken
und kraxeln über Felsenrücken.
Tief in mir schlummern diese Träume,
doch sicher bleiben sie nur Schäume...

Bild: pixabay

Mein Engel

Du bist wie eine zarte Lichtspur,
nicht sichtbar, eine Ahnung nur,
Doch ich weiß, du bist hier,
Gott sei Dank bist immer bei mir.
Wachst über mich bei Tag und bei Nacht,
hast mir schon tausendfach Hilfe gebracht!
Mein lieber Engel, ich dank dir dafür,
dass du erkennst mit feinem Gespür,
wann es wieder einmal soweit ist,
oft ohne dass ich selber es wüsst,
dass du geradebiegen musst irgendwas.
Mein Schutzengel, auf dich ist Verlass.

Bild: pixabay

Brennnesselgeheimnisse

Ich kenn eine Pflanze mit ganz schlechten Ruf,
die dennoch unser Herrgott zur Heilung erschuf:
die Brennnessel, ihr kennt sie ja alle.
Viele tappten schon in ihre Falle,
die sie errichtet aus wehrhaften Grün.
Du streifst sie beim Gehen aus Unachtsamkeit,
und schon machen juckende Quaddeln sich breit.
Sie wächst an den unmöglichsten Plätzen,
geh einfach mal los und lerne sie schätzen!
Man spricht ihr magische Kräfte gern zu.
Vielleicht kennst diese Mythen auch du:
halt fünf brennende Blätter in deiner Hand,
und schnell wird übler Elfenzauber gebannt!
Geh sie mal sammeln bevor Blüten sie hat
und mache aus den Blättern einen leckren Salat!
Auch wirksamen Tee kannst daraus zubereiten
in schlappen Frühjahrsmüdigkeitszeiten.
Schlacken soll er aus dem Körper rausspülen,
wirst dich sicher bald energiegeladener fühlen!
Du kannst ihr vor der Haustür begegnen,
mach sie zum Freund, sie wirkt heilend und segnend
für die Gesundheit und für deine Kraft,
weil sie im Inneren Sauberkeit schafft!

Bild: pixabay

Ein besonderer Duft

Ich lieb es, vor Tau und Tag in den Garten zu gehen
und allein dem Morgen entgegen zu sehen.
Kurz nach Sonnenaufgang dann rieche ich ihn,
den Duft von nachtregennassem Jasmin!
Schwer, fast betäubend, und doch lieblich frisch,
ein für meine Sinne einladend Gemisch.
Ich schließ dann die Augen und atme tief ein,
nehm diesen Duft in den Tag mit hinein,
denn er belebt meine Seele und macht mich frei,
wappnet mich für des Tags Einerlei...
Solch einen Anker für sich zu finden
hilft auch dabei, Stress zu überwinden.
Ja, meine Nase erinnert sich an diesen Duft,
und gleicht weht in meiner Seele frischere Luft...

Bild: pixabay

Der Kurs

Wir treiben auf den Wellen der Zeit,
sind wir auch immer wieder bereit
wenn nötig einmal gegenzusteuern
und die Kursberechnung zu erneuern?

Auch wenn die Strömung der Zeit uns fortträgt,
sei doch unserem inneren Steuermann eingeprägt,
dass er das Ruder nicht loslassen braucht,
wenn unser Lebensschiff in die Brecher eintaucht!

Manch Leuchtfeuer weist uns den Weg,
wir finden überall einen Anlegesteg,
einen Hafen zum Überholen fürs Schiff,
nahm es mal Schaden an einem Riff!

Stets haben wir selber es in der Hand,
ob wir uns abtreiben lassen vom Land
oder ob wir auf neue Ufer zuhalten!
Ahoi, fang an, deinen Kurs selbst zu gestalten!

Bild: pixabay

Trollkönigs Werk

Trollkönig in seiner Höhle wettert und schreit
"Wer hat, zur Hel, nur das Mädchen befreit
aus dem Kerker auf des Vulkans finstrer Sohle"?
Seine Augen sprühn Funken wie glühende Kohle,
weil fast dieser Kinderaustausch misslang.
Seine Worte halln durch die Grotte mit dröhnenden Klang.
Wenigstens ist bei den Menschen der Wechselbalg nun
und kann später sein schauerlich Werk dort tun.
Die Menschen zum Gehorchen dann zwingen,
das wird dem Trollkind jedoch dann nur gelingen,
wenn sie das Menschenkind nicht wiederfinden.
Die Gefahr müssen die Trolle nun schnell unterbinden!
Dumpf singt er beschwörende Litaneien
und befiehlt dem Vulkan, Lava zu speien,
um den Menschen Angst einzujagen.
Auch wird so verhindert in den nächsten Tagen
des Kinds und des Retters weitere Flucht
über glühenden Boden und durch dampfende Schlucht.
Beißender Rauch zieht bald über das Land,
nachdem vom Vulkan sich ein Feuerstrom wand.
Geysire schleudern kochend Fontänen empor,
aus Felsspalten kriechen giftige Dämpfe hervor.
Die Menschen ziehen sich angstvoll zurück
und nehmen das Trollkind unwissend mit.
Unter der Erde, in des Trollkönigs Reich,
wird gefeiert der gelungene Streich.
Es klingen und klirren die Bleikristallhumpen,
denn Trollkönig lässt sich beim Gelage nicht lumpen.

Unirdische Töne die Steinharfe singt,
während dem Vulkan weiter Feuer entspringt.
Die Menschen, sie ahnen, es ist etwas faul,
wann immer die Erde öffnet ihr Maul.
Doch niemand kennt des Trollkönigs Plan
- sie werden's erfahren irgendwo, irgendwann...

Bild: pixabay

Unheil überm Elfenland

Unheil traf das Elfenland über Nacht:
die Schwarze Fee hat Zerstörung gebracht!
Allen Sonnenstaub hat sie geraubt,
alle Zaubersterne zusammen geklaubt.
Nun liegt über allem ein düsteres Grau,
und die Elfenkönigin weiß ganz genau,
dass nun ein gefährliches Wagnis beginnt.
Zur Bewahrung der Schönheit sind Elfen bestimmt,
deshalb hilft nun kein Weinen und Klagen -
sie müssen sich in finstre Gefilde vorwagen!
Zum Glück können die Elfen noch fliegen,
das könnt manch andres Problem überwiegen...
Sie putzen sich ihre Flügel blitzend und klar,
damit sie beweglich sind in der großen Gefahr.
Zwischen Gräsern und Blumen hört man es sirren,
als unzählige Elfen aufgeregt schwirren.
Die Luft am Seeufer ist von Bewegung erfüllt,
ein Glitzern und Knistern die Büsche umhüllt.
Tausende Elfen sind zum Aufbruch bereit,
das Land vibriert vor ihrer Entschlossenheit.
Den Kampf mit der Schwarzen Fee zu beschreiben,
erspar ich euch, es gab zu großes Leiden,
und viele Elfen kamen nie mehr zurück,
um zu genießen das siegreiche Glück.
Denn das war das Wichtigste in dieser Schlacht:
sie haben der Schwarzen Fee den Garaus gemacht!
Nun gibt's wieder Farben und Schönheit auf Erden,
und nichts kann mehr das Träumen gefährden.
Verneigen wir uns vor den tapferen Elfen,
die so selbstlos bereit warn, der Erde zu helfen....

Bild: pixabay

Das Geheimnis des Moores

Hörst du es wispern, glucksen, raunen?
Folgst du der Stimme, dann wirst du staunen!
Das Widerstehen fällt dir furchtbar schwer,
Geheimnisvolles reizt dich doch sehr.
Ein Rabe krächzt unheimlich, heiser.
Die Wirklichkeit wird unscharf, irgendwie leiser...
Es ist das Moor, das bezirzend dich ruft...
Spinnweben umtanzen dich in der Luft,
die nach dir greifen, dich zärtlich umgarnen.
Halt ein, oh Wandrer, lasse dich warnen,
So manche Geister birgt das Moor!
Es täuscht dein Auge und dein Ohr!
Jedoch die Neugier ist zu groß,
du folgst den Stimmen, wanderst los....
Kehrst heil du heim von deiner Suche,
verstehst du die Mär im Sagenbuche....

Bild: pixabay

Sehnsucht

Leis erklingt eine Melodie,
zieht zu dir hin, du vergisst sie nie...
Im tiefsten Inneren rührt sie nun auf,
was dir entglitten war im Lebenslauf.
Nun musst du blinzeln, woran mag es wohl liegen?
Du wischt fort eine Träne, schnell und entschieden.
Doch die Melodie hält dich lang noch gefangen
Und erweckt wieder ein sehnsüchtig Bangen...

Bild: pixabay

Musik

Es würde unserer Welt viel fehlen,
das können wir wohl nicht verhehlen,
wenn's die Musik nicht gäb im Leben!
Wir können doch auf Wolken schweben
bei 'ner verträumten Melodie.
Für den einen ist's gerade sie,
die ihn in die Erinnrung führt,
so dass er nochmal es verspürt,
was damals Schönes ihm geschah,
oft ist Vergessnes gleich wieder nah...
Für einen anderen dagegen
kann Heavy Metal etwas bewegen
in seinen inneren Gefilden.
Musik kann auch oft Brücken bilden
zwischen zwei Menschen, die sich fremd
und unbekannt sind. Sie enthemmt
gar eine Riesenmenschenmenge
beim Rockkonzert in dem Gedränge.
Auch Konzerte, Opern und Choräle
füllen mit Leichtigkeit die Säle.
Die locker-beschwingte Radiomusik
beschert uns manches tolles Stück,
zu dem man gern mitsingen mag,
und versüßt es uns so den Tag!
Ohne Musik möcht ich nicht sein -
da fehlte mir ein Wohlfühlbaustein!

Bild: pixabay

Das Licht

Im Tunnel des Übergangs zu stehn,
und am Ende ein herrliches Leuchten zu sehn,
in dessen Schein viele andere wandeln und gehn -
das gibt Mut und Hoffnung, und es befreit
von allem zurückliegenden Schmerz und dem Leid.
Ich glaube daran, dass ich es einmal erfahre,
doch Herr, lass es dauern noch einige Jahre,
bis Du mich durch den Tunnel gehn lässt
zu deinem großen ewigen Fest....

Bild: pixabay

Der eine Moment

Regen klatscht ans Fenster so schwer.
Und meine Gedanken drehn sich hin und her.
Über das Leben, den Moment und den Tod denk ich nach.
Kann nicht schlafen, das hält mich zu wach!
Wie doch ein Moment alles ändern kann...
Oft erscheint einem das Leben wie ein Tyrann,
der einem gnadenlos eine Richtung aufzwingt,
zu der man überhaupt keine Bereitschaft aufbringt.
Dann kann man nur kämpfen ums Überleben
und versucht, allem irgendwie Sinn zu geben.
Doch dieser alles verändernde Augenblick
muss nicht nur Schrecken bringen, nein, manchmal auch Glück.
Er kann ja auch unvermutet öffnen ein Tor.
Vielleicht standest du oft schon davor,
ohne dass du es konntest bewegen.
Und nun ist dir die Kraft plötzlich gegeben...
Dann kannst du wählen einen ganz neuen Weg
und bist dankbar für dies Privileg.
Schließlich jedoch kann eine Sekunde
auch beenden jemandes irdische Runde.
Dann steht der Sensenmann plötzlich da
und entführt den Erwählten nach Eternia...
Wenn ich nun all dieses vor Augen mir führe,
merk ich, dass ich Dankbarkeit spüre
für jeden einzelnen Tag meines Lebens.
Wenn ich bewusst lebe, ist nichts vergebens...

Bild: pixabay

Sinfonie der Liebe

Wie eine Sinfonie kann die Liebe klingen,
wenn zwei Herzen dasselbe Lied singen.
Das Lächeln der Liebe ist wie Harfe so zart,
Worte flüstern wie ein leiser Bassgeigenpart.
Vertrauen trägt die beiden schwebend empor
wie ein Arienthema, vorgetragen von einem Tenor.
Leidenschaft mit Crescendo erschallt,
und wie ein Trommelwirbel die Sehnsucht aufwallt.
Pianotöne der Seligkeit höher sich winden,
bis den Liebenden die Welten entschwinden.
Begleitet von Sonaten, die andre nie hören,
lassen Verliebte sich durch gar nichts stören
und erklimmen zusammen alle Stufen der Wonne,
umspielt nur vom Lächeln der Mitternachtssonne.

Bild: pixabay

Lilith

Schön, verrucht und grausam ist sie,
Verführerisch ist ihre Magie,
schon Adam war zu schwach, ihr zu widerstehn.
Damals konnte es wohl gar nicht anders ausgehn...
Es soll ja nicht Eva gewesen sein,
die das Verhängnis brachte herein
über Adam und über die Welt.
Nein, Lilith war es, so wird erzählt.
Sie wohnt noch immer in jeder Frau,
und die Männer wissen dies ganz genau,
doch fällt es ihnen oft ziemlich schwer
zu erkennen wenn Lilith erscheint aus dem Meer
des Unterbewussten in der weiblichen Seele.
Sie will, dass dem Mann die Klarsicht bald fehle!
Wir Frauen kennen unsere Lilith oft nicht,
sehen uns gern nur im strahlenden Licht.
Doch jede hat auch diesen dunklen Aspekt,
der manchmal die guten Seiten verdeckt.
Das Beste ist wohl, wir erkennen sie an,
sonst überwältigt sie uns irgendwann,
wenn wir versuchen sie zu ignoriern.
Das ist der einzige Weg, uns nicht selbst zu sabotiern...

Bild: pixabay

Flaschenpost

Meer, eine Flasche vertrau ich dir an.
Die Flasche ist leer, man sieht's ihr nicht an,
was für Kostbarkeiten mit ihr sollten treiben...
Über Träume und Sehnsüchte wollte ich schreiben
in einem Brief, dann die Flasche verschließen,
so dass niemand könnte achtlos ausgießen
das als wertlos erachtete Zeug.
Doch wie es so ist - der Intuition ich mich beug,
die mir geraten „Nimm Abstand davon,
eine unruhige Seele wäre dein Lohn!
Nicht nur ein Mensch könnte deine Post finden.
Das wär ja nicht schlimm, das wär zu verwinden!
Doch es schwirrn auch böse Geister im Äther herum,
und diese Schimären sind bei weitem nicht dumm!
Stell dir nur vor, es fänd von denen die Flasche einer,
läse den Brief und meint' »Das ist nun meiner!
Zu meiner Sehnsucht will ich's erklären,
so tun, als ob die Träume die Meinigen wären!«
Dann hätt er dir einen Teil deiner Seele geraubt!"
- So hab ich meine Flasche leer dann verschraubt
und meine Sehnsüchte in mir verwahrt.
Auch die Träume hab ich nicht offenbart,
sondern will sie genussvoll allein weiterträumen!
Fort schwimmt die Flasche in des Ozeans Schäumen....

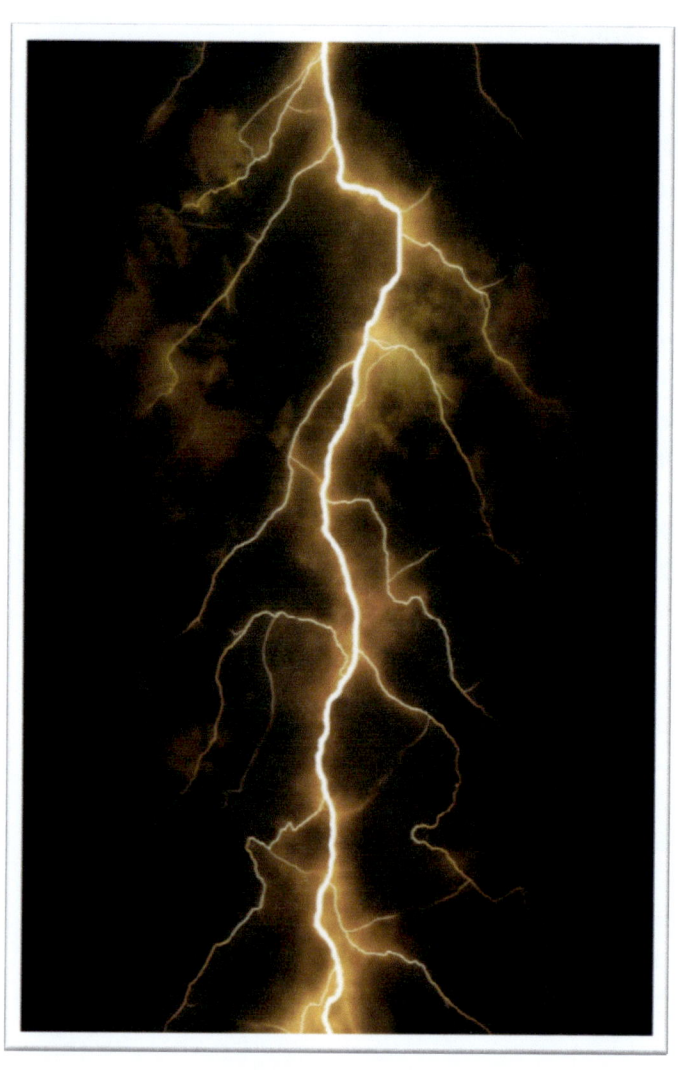

Bild: pixabay

Aggression

Warum gibt's so viel Zanken, warum gibt's so oft Streit?
Weshalb sind so viele Menschen zur Toleranz nicht bereit?
Es ergäb `ne lange Liste,
wenn man alle Mittel wüsste,
die Menschen so anwenden,
um Wutsignale aus zusenden:
Scharfe Töne, Redeschlachten,
arrogantes Sich-Verachten.
uneinsichtiges Gezerre,
kindisches Gerumgeplärre.
Heimlich Stacheldrähte bauen,
Autoscheiben gar zerhauen.
Hinterm Rücken intrigieren,
Gegnerfronten generieren,
wütend mit den Fäusten schlagen,
vor Gericht sich auch verklagen,
Fleißge Imagedemontage,
fiese Arbeitssabotage.
Hand erhoben, Wutgeschrei,
Nas' gebrochen eins zwei drei.
Ignorieren, fallen lassen,
sich Gemeinheiten verpassen,
körperlich dem andern drohn.
- Wer nun meint, das wär es schon,
über den kann ich nur lachen:
endlos könnt man weitermachen!
Denn des Menschen Fantasie
blüht beim Streiten wie sonst nie!

Welche Energieverschwendung.
Es gäb `ne bessere Verwendung
für all die eingesetzte Kraft,
so dass man wieder Frieden schafft.
Aufeinander zugehn könnt man,
anhören auch dann und wann,
was dem andren wichtig ist,
bevor man den Benimm vergisst.
Argumente gelten lassen,
Sich dann bei den Händen fassen,
schließlich sich schlicht eingestehn
"Was ich tat, das war nicht schön!
Lass uns noch mal neu beginnen."
Wie wär's, darüber nachzusinnen?
Vielleicht meint ihr, ich hätt Visionen,
doch ich glaub es könnt sich lohnen,
Streit und Kriege zu verhindern
Negatives zu vermindern...
Ja, ich hasse Zank und Streit,
bin mehr für Gelassenheit!!

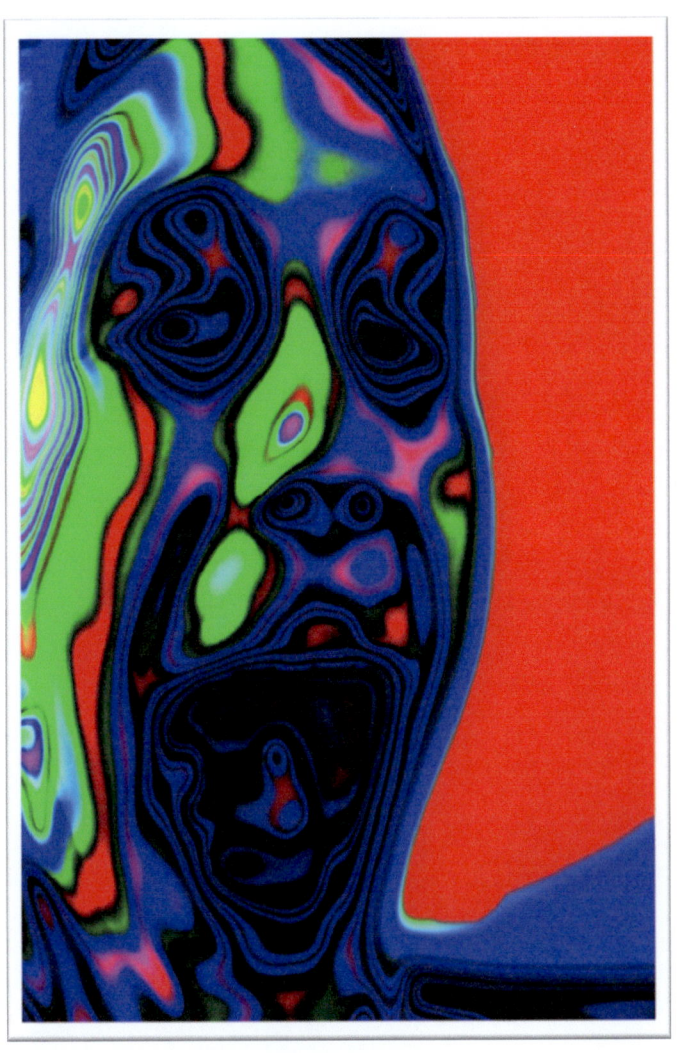

Bild: pixabay

Bild: pixabay

Dämonengebrüll

Der alte Dämon, in Ketten geschlagen
und verbannt hinter flammenden Barrikaden,
hat kaum eine Chance, sich zu befrein
und zu vergiften mein Wachbewusstsein.
Doch sein Wutgeheul lässt er mich oft hören,
um meinen Seelenfrieden zu stören,
und weil er mich verunsichern will
mit seinem dissonanten Zornesgebrüll.
Zu gern möcht er mich zum Leichtsinn verlocken,
um dann mit meinem Engel zu zocken
um die Wacht über meine unsterbliche Seele.
Es ist immer noch die Jahrtausende alte Querele....
Im Grunde hab ich ihn ja unter Kontrolle,
aber stets neu versucht dieser Unheilvolle
endgültig zu fliehn aus seinem Joch.
- Bisher war ich die Siegerin. --- Noch....

Bild: pixabay

Lass los!

Das Vergangene liegt hinter dir, es holt dich nicht ein,
von seinen Schrecken konntest du dich befreien.
Und von der Zukunft hast du schon Visionen,
hast gut gelernt deine Lektionen.
Aber noch ist dein Geist nicht so ganz klar,
es beschäftigt dich doch noch, was einmal war.
Nebel wabern zwischen gestern und morgen,
verdunkeln deine Gedanken noch immer mit Sorgen.
Mensch, sieh doch nur, vor dir ist Licht!
Es lohnt sich kein Grübeln, und Rückschau hilft nicht!
Schreite voran mit Hoffnung und Mut
und mit aller Stärke, die du hast im Blut!!
Greif nach dem Leben, das jetzt vor Dir liegt,
- deine Gespenster hast du ja schon einmal besiegt!!

Bild: pixabay

Die innere Kriegerin

Es gibt manchmal Tage, da bin ich ohne Kraft,
er scheint ganz versickert, mein Lebenssaft.
Dann könnten alle, die mich so erblicken,
mich wie einen Ball in der Gegend rumkicken.
Und dann denk ich an dich, meine Kriegerin,
die irgendwo schlummert, tief in mir drin...
Manchmal fühl ich mich nicht gewachsen
denen, die die über mich sticheln und flachsen.
Mir fehlt einfach das richtige Wort,
um sie in die Schranken zu weisen, zum richtigen Ort.
Und dann rufe ich dich, meine Kriegerin,
die irgendwo schlummert, tief in mir drin...
In manch einer Situation bin ich wie blockiert,
alle innere Standhaftigkeit scheint wie ausradiert.
Dabei möchte ich grad dann mal hart reagieren,
mit meinen Kräften zur Abwehr jonglieren.
Ja, ich brauch dich, meine Kriegerin,
die irgendwo schlummert, tief in mir drin...
Doch ich weiß, wenn ich dich brauche, dann bist du da,
du bist immer auf Abruf, mir ständig ganz nah,
Muss mich nur erinnern an meine Kraft,
die manchmal auch das Unmögliche schafft.
Du bist eins mit mir, meine Kriegerin,
zum Einsatz bereit, tief in mir drin...

Bild: pixabay

Stille

Am Abend, wenn die Gedanken schweigen
und ich still betrachte den Reigen,
den Vogelschwärme am See vorführen,
mein ich, die Ewigkeit zu berühren.
Alles so friedlich und voll Harmonie!
Ehrfürchtig sink ich auf die Knie
und danke Gott dafür dass ich bin,
Danke ihm auch für den großen Sinn
in allem, den wir Menschen nicht sehn.
Warum nur wolln wir alles nach unserem Wunsch drehn???

Bild: pixabay

Die Königin in mir

An die Königin in meinem Seelenpalast.
Ja doch, es gibt dich, ich bin kein Phantast!
Du drängst dich nie von allein an die Front,
denn du weißt, das wäre für mich ein Affront.
Du wartest gelassen, bis ich dich zu mir bitte.
Dann erscheinst du mit gemessenem Schritte,
und kleidest meine Seele in festliche Roben
anstelle der Alltagsgewänder, der groben.
Mit dir zusammen sitz ich auf dem Thron
und scheuch alles Unliebsame davon.
Ich lass mich von allen umschwärmen
und kann mich fürs Elegante erwärmen.
In diesem Zustand find ich mich schön,
und mein inneres Leuchten ist sicher zu sehen.
Mit dir, Königin im Seelenpalast,
gibt's keine Hektik und keine Hast,
alles folgt meiner eigenen Zeit.
Unruhe weicht der Gelassenheit.
Zwar muss ich meisten erst mal dran gewöhnen
dieser royalen Würde sorglos zu frönen,
Doch tut's manchmal gut, statt zu bitten zu fordern
und einfach das Gewünschte her zu beordern.
Befehle zu geben, daran mag ich nicht denken,
Aber schön ist's, auch mal erhaben zu lenken
das Geschehen rund um mich her.
Das Majestätische gefällt mir schon sehr,
das gestehe ich mir ja ehrlich ein,
dennoch darf es auf keinen Fall dauerhaft sein.
Sonst wärst du in meinem Leben kein besonderer Gast,
Du Königin in mir, im Seelenpalast!!

Bild: pixabay

Die Eulenfrau

Eulenfedern trägt sie auf dem Haupt,
und es ist ihr, der Sophia, auch manchmal erlaubt,
dass sie in menschlichen Träumen erscheint,
damit sich ihr Geist mit dem Träumer vereint.
Oft wird sie umstrickt von des Träumenden Wut,
wenn jener meint, weise zu handeln tät ihm nicht gut.
Zart und sanft möcht sie zur Einsicht dich führen,
doch du musst sie annehmen, dann wirst du spüren,
dass Sophia dir nichts aufzwingt mit Gewalt.
Achtsam geleitet sie aus dem finsteren Wald
deines verbohrten und oft blinden Verhaltens
und nimmt sich an des destruktiven Gestaltens,
durch das dein Leben gekennzeichnet ist.
Lass zu, Träumer, dass dich die Eulenfrau küsst!
Sophias Besuch bei dir ist eine Ehre,
sie schenkt dir ihr ihren Rat und eine kostbare Lehre...

Bild: pixabay

Bild: pixabay

Im Wunderwald von Brociliande

Brociliande - ein mystischer Wald!
Dort trifft man so manche Feengestalt...
Die Bretagne an sich ist reich an Legenden,
Elfen und Feen bevölkern sie an allen Enden.
Ja, hier in den Wäldern, im Val-sans-Retour,
findet man von der Artussage noch manche Spur.
In dieser Gegend zwischen Heide und Weiher
webte Morgaine ihre magischen Schleier,
mit denen sie untreue Männer entzückte
und in ein verwunschnes Gefängnis entrückte.
Drachen bewachten diesen finsteren Ort,
und sie hörten nur auf Morganas Wort.
Sir Lancelot jedoch, der tapfere Ritter,
fiel nicht herein auf ihr Zaubergeflitter.
Er besiegte im Kampfe die Drachenbrut,
befreite die Männer, und alles ward gut.
An einer anderen magischen Stelle
sprudelt die geheimnisumwobene Quelle,
an der Merlin, der Magier, die Fee Viviane sah.
Trinkt man dies Wasser, ist man beiden ganz nah...
Außerdem helfen die magischen Blasen,
getrunken während der Neumondphasen,
dem, der sich wünscht die ewige Jugend.
Ebenso regenerieren sie manche Tugend,
die verwirrten und kranken Menschen oft fehlt,
so wie es die alte Legende erzählt.
Wer gern auf mystischen Spuren flaniert,
der ist in der Bretagne bestens platziert!

Bild: pixabay

Erwartung

Anspannung liegt in der Luft,
der See atmet schweren Gewitterduft.
Erwartungsvoll reckt das Schilf sich empor
als locke es so die Entladung hervor.
Schwüle drückt sich aufs Seeufer nieder
und Enten schütteln nervös ihr Gefieder.
Der Wandrer beobachtet des Mückenschwarms Tanz
über der Wasserfläche flirrendem Glanz.
Zerbrechliche Stille herrscht über dem See,
so als täten Geräusche selbst den Luftgeistern weh..
Wie lange noch wird die Natur so vibrieren
bevor erste Tropfen das Wasser berühren?
Alles ersehnt das erlösende Schwert,
mit dem der erste Blitz herab endlich fährt.
Schnuppernd kräuselt der Wandrer die Nase,
erspäht auf dem See nun manch Regenblase.
Er ahnt, gleich geht es los, er riecht frischen Wind,
sieht, wie über das Glattwasser ein Zittern leicht rinnt!
Die Brise frischt auf, es raschelt das Rohr,
- dann endlich bricht das Gewitter hervor!
Blitzlanzen zerschneiden der Wolken Grau,
gefolgt von eines Donnerschlages Radau.
Vorbei ist der Natur bedrückende Stille,
das Gewitter reinigt alles mit wildem Gebrülle.
Der Wanderer ist schon lange zu Haus
und schaut erleichtert durchs Fenster hinaus.
Er ist froh, fühlt auch vom Druck sich befreit
der auf der Erde lastete in letzter Zeit....

Bild © Maruschya Markovic

Die Botschaft des Waldgeistes

In meinem Zauberwald hab ich ein Auge gesehn,
in einem Baum, und da konnt ich verstehn!
Der Geist des Waldes sah auf mich herab,
überwachte genau, was zu tun ich vorhab.
Auch im Wald kann man nicht tun wonach einem ist,
weil die Natur dafür sorgt, dass man schnell büßt
dafür, wenn man sich irgendwie an ihr vergeht,
wenn jemand zum Beispiel hier Sperrmüll ablädt....
Es ist nicht so, dass es unbemerkt bleibt,
wenn man mit der Natur einen Schabernack treibt!
Drum sollte man der Natur die Ehre erweisen
und auf ihre Botschaften achten, die leisen.
Diese Mahnung hat mir der Waldgeist für euch mitgegeben,
denn auch Bäume, Pflanzen, Seen und Tiere wollen doch leben!

Bild: pixabay

Erinnerungen

Manchmal, wenn ich Blumen pflanze im Garten,
halte ich inne, und die Arbeit muss warten.
Denn dann denk ich an meine Mutter zurück,
der Blumen stets brachten Momente voll Glück.
Ein schöner Strauß hat so viel ihr gesagt,
nach einem Anlass wurde gar nicht gefragt.
Sie wusste, dass ein Strauß Blumen Liebe bedeutet,
und in ihrem Herzen haben dann Glocken geläutet.
Manchmal, wenn ich Meer, Hafen und Schiffe sehe,
spür ich zu meinem Vater die Nähe,
denn die Liebe zum Meer hat uns beide verbunden,
an der See haben wir die Freiheit des Seins empfunden.
Manchmal, wenn ich durch die Heide fahre,
denk ich zurück an meine Jugendjahre,
an die Freunde, die Familie, an fröhliche Zeiten,
und ich spür die Erinnerungen in mir Wärme verbreiten.
So sind all meine Lieben, obwohl lang nicht mehr hier,
doch in der Seele auch heut noch bei mir...

Bild: pixabay

Maiengrün

Mit Maiengrün sich die Bäume jetzt krönen
und uns mit Hoffnungsschimmer verwöhnen.
Dieser Monat ist für viele die lieblichste Zeit,
in der die Natur uns mit Grünkraft erfreut.
Doch manche sehnen ihn ganz besonders herbei:
könnt sein, dass es für sie der letzte Mai sei...
Einmal noch möchten sie die Freude erleben
welche die Blüten und das helle Grün geben!
Ach, sie würden es mit Glücksgefühl sehn,
und dann mit tiefem Aufatmen in die Ewigkeit gehn.
Der herrliche Mai hat so viele Seiten,
wir können, wie auch immer, die Arme ausbreiten
und sagen "Endlich bist du gekommen!
Wir haben deine Botschaft vernommen"....

Bild: pixabay

Nachtwindreise

Tiefrot das Licht im Meer versinkt
und uns zur Nacht die Träume bringt,
die leise auf den Wellen gleiten,
sanft dich ins Paradies begleiten
heut Nacht in deinem Schlummer.
Bist frei von allem Tageskummer!
Bist frei zu fliegen ohne Ziel,
dich trägt des milden Nachtwinds Spiel
auf seine zärtlich ruhige Weise.
Lass los, vertraue deiner Reise...

Bild: pixabay

Seemannsromantik

Das waren noch Zeiten,
als in allen Breiten
Großsegler die Weltmeere befuhren!
Imposant ragten ihre Konturen
gegen Wolken und Himmel empor,
und von der Brücke rief der Käpt'n sonor
seine Kommandos zum Reffen und Fieren,
manchmal auch zum Alarmieren
der Mannschaft zu bei Piratenalarm.
Seeräuber fielen oft wie ein Möwenschwarm
über die prächtigen Viermaster her,
machten der Mannschaft die Gegenwehr schwer.
Mit Glück ging solch Kampf glimpflich mal aus,
doch manch Karavelle sank mit Mann und mit Maus.
Waren sie wirklich romantisch, die Zeiten?
Das würd vielleicht manch Seemann bestreiten,
der Arm, Bein und Leben verlor!
Doch noch heute besingt jeder Shantychor
die raubeinigen Kerle und das Leben auf See,
auf dass die Seemannsromantik niemals verweh....

Bild: pixabay

Ursprung Meer

Manchmal, wenn ich überlege, wo komm ich wohl her,
dann sagt eine Stimme in mir "aus dem Meer!".
Kann wohl sein, dass meinen Quell ich gefunden,
fühl mit der See ich mich doch so verbunden!
Schon klar, dass aus dem Wasser einst kam alles Leben,
doch ist mir, als könnt es für mich noch was anderes geben,
das diese unbändige Sehnsucht erklärt,
die stets in meinem Inneren brodelt und gärt.
Bin ja auch Fisch vom Sternzeichen her,
spricht nicht auch das für meine Liebe zum Meer?
Vielleicht war ich Nixe in einer anderen Welt,
Nixe, die die Tage bis zur Rückkehr nun zählt...
Doch ganz egal, woher ich auch stamm,
bin für die See einfach Feuer und Flamm...

Bild: pixabay

Frei!

Wenn ich am Meer steh, dann bin ich frei,
an welcher Küste es auch immer sei!
Ich liebe den Duft von Salz, Wasser, Schlick,
mit dem Meer scheint verbunden zu sein mein Geschick.
Gibt's Schöneres als den Wind in den Haaren,
egal wie frisiert sie vorher mal waren?
Gibt's Schöneres als das Salz auf der Haut,
als das Möwengekreisch, so schrill und so laut?
Kann ein Geräusch lieblicher klingen,
als wenn Fischkuttermotoren singen?
Kann ein Laut mehr die Ohren verwöhnen
als der mächtigen Brecher heiseres Stöhnen?
Was könnt das Auge eher entzücken
als Sonnenreflexe auf Wellenrücken?
Und dann noch der Duft einer Aalräucherei...
Könnt endlos fortfahren mit der Schwärmerei.
Ich sag's ja, am Meer bin ich frei!

Bild: pixabay

Abendwärts

Ins Reich der Träume geht meine Reise,
im Abendwind flattern die Segel schon leise.
Spiegelglatt ist das Meer, voll Sehnsucht das Herz.
Mein Schiff sticht in See, es geht abendwärts.
Wenn dann der Tag der Nachtsonne weicht,
hab ich mein Traumland endlich erreicht.

Bild: © *Maruschya Markovic*

Das Seelenfenster ist geschlossen.
Ich hoff, ihr habt den Blick genossen!
Mein Licht habt ihr nun leuchten sehn,
doch mag ich noch nicht von euch gehn –
erst sag ich „Danke und lieben Gruß"!
So, liebe Leser, nun ist Schluss!

Maruschya Markovic